LE COMTE

Simon-Philippe de COËFFIER

de DEMORET

PAR SA PETITE-FILLE

la Comtesse Berthe de CLINCHAMP

SAINT-FIRMIN

1908

LE COMTE

Simon-Philippe de COËFFIER

de DEMORET

LE COMTE

Simon-Philippe de COËFFIER

de DEMORET

PAR SA PETITE-FILLE

la Comtesse Berthe de CLINCHAMP

J'ai écrit ces lignes sur notre grand-père pour mon neveu le comte Henri de Clinchamp, afin qu'il connaisse notre famille maternelle. Ceci est le résumé de ce que j'ai entendu dire à ma mère et à ma tante. J'espère que ces souvenirs seront précieux pour mon neveu, et les siens, comme ils le sont pour moi-même.

SAINT-FIRMIN

1908

LE COMTE

Simon-Philippe de COËFFIER
de DEMORET

Notre grand-père maternel appartenait à la noblesse de province. La branche aînée de sa famille avait été illustrée par Antoine Coëffier d'Effiat, maréchal de France. Cette branche aînée ne portait pas les mêmes armes que les autres. Elles étaient ainsi décrites : *de gueules au chevron fascé, ondé de six pièces d'argent et d'azur, accompagné de trois lionceaux d'or, les deux du chef affrontés.*

Il y avait une raison à ce changement. Antoine, né en 1581, orphelin dès son bas âge, avait été confié par son père, qui succombait aux fatigues de la guerre, à son grand-oncle maternel, Martin Ruzé de Beaulieu, secrétaire d'État. Celui-ci s'attacha à l'enfant comme s'il eût été son fils, et lui inculqua ses sentiments de fidélité aux rois. Il mourut lui laissant de grands biens, à la condition qu'il joindrait à son nom celui de Ruzé et en prendrait les armes, en souvenir de Bonne de Ruzé, sa sœur, et grand'mère du futur maréchal de France qui fut toujours fidèle, lui et ses descendants, à cette clause, et portèrent leur nom de famille : Coëffier d'Effiat dit Ruzé.

Antoine d'Effiat fut successivement grand-maître des Mines de France, capitaine de chevau-légers de la garde du roi. Il n'y eut guère de combats, de sièges où il ne trouva l'occasion de faire voir son courage et ses capacités d'homme de guerre. Il fut

gouverneur du Bourbonnais, de la Haute-
et Basse-Auvergne, maréchal de France,
surintendant des finances, charge qu'il
trouva « pleine d'espines et de très fâcheuses
difficultés ». Néanmoins, le maréchal d'Effiat
remplit cette charge avec beaucoup de
sagacité et de sagesse.

Outre ses autres ambassades, il fut
encore, en 1624, ambassadeur extraordi-
naire en Angleterre, pour négocier le
mariage de Madame Henriette, fille du roi
de France Henri IV avec Charles Ier, roi
d'Angleterre. Le maréchal fut choisi à cause
« des rares qualités qui sont en lui et de la
grande dextérité qu'il a de faire réussir ce
qu'il entreprend ». Louis XIII lui envoya le
Saint-Esprit pour les services qu'il avait
rendus en cette circonstance. Le duc de
Chevreuse fut nommé pour lui porter l'Ordre
de la part du roi.

Le maréchal d'Effiat avait épousé, le
30 septembre 1610, Marie de Fourcy, fille
de Jean de Fourcy, seigneur de Chessy,
trésorier de France et surintendant des
bâtiments du roi. Il eut six enfants, trois
fils et trois filles.

L'aîné, Martin, mourut assez jeune ; il
avait épousé Isabelle d'Escoubleau de
Sourdis ; il était chevalier de l'Ordre et fut
père d'Antoine Coëffier, marquis d'Effiat,
premier écuyer de Philippe, duc d'Orléans,
frère du roi Louis XIV.

Vient ensuite Henri, marquis de Cinq-
Mars, grand-écuyer de France, qui, après
une conspiration célèbre, mourut à vingt-
deux ans, victime du cardinal de Richelieu.
Il fut décapité à Lyon, sur la place des
Terreaux, avec son ami François-Auguste
de Thou. Tous deux moururent dignement
et pieusement, avec le plus grand courage,

soutenus par leurs convictions religieuses. Cinq-Mars fut enterré aux Cordeliers de Lyon; la présidente de Pontac, sœur de Thou, réclama son corps.

La haine du cardinal survécut à leur supplice, car il fit raser les tours du château de Cinq-Mars telles que nous en voyons encore les ruines de nos jours, près de Tours.

Le troisième fils du maréchal prit les ordres.

L'aînée des filles, Marie Coëffier, épousa Charles de la Porte, duc de la Meilleraye, pair et maréchal de France; elle fut la mère de l'excentrique duc de Mazarin.

La deuxième fille prit le voile au monastère des Filles de la Croix, rue de Charonne, au faubourg Saint-Antoine.

Enfin la troisième fille mourut en bas âge.

Le maréchal mourut après la glorieuse

campagne de Veillane, dont il partagea tout l'honneur avec le maréchal de Montmorency, à cause de la charge audacieuse qu'il mena à l'admiration de toute l'armée.

Il avait fondé à Effiat, près de Riom, en Auvergne, une école militaire confiée à la direction des Oratoriens. Le roi Louis XIV, reconnaissant l'utilité de cette institution, confirma les bourses fondées par le maréchal. Il y eut dans cette école jusqu'à trois cents élèves, et, dans les derniers temps de son existence, Desaix, une des gloires modernes de l'Auvergne, y fut élevé.

Le maréchal fonda en outre l'hôpital d'Aigueperse, qui existe encore de nos jours.

La branche à laquelle appartient notre grand-père est issue de Gilbert Coëffier, seigneur d'Idoigne, contrôleur général de l'artillerie de France, marié à Agnès Jayot.

Cette branche n'a pas de grandes illus-

trations, si ce n'est sa fidélité à la monarchie
et aux Bourbons, qui fit émigrer le comte
Simon et s'est continuée jusqu'à nos jours
en la personne de sa fille, notre tante
Léontine-Catherine comtesse de Coëllier,
qui leur avait consacré sa vie. Ce sentiment
est inhérent à cette branche, car il est aussi
dans le cœur des petites-filles du comte,
qui en sont récompensées par l'affection et
la bienveillance de tous les princes de la
maison de Bourbon.

Le grand-père émigra très jeune, dès le
commencement de la Révolution.

Aussitôt que l'armée des princes fut
organisée, il y entra et y resta jusqu'à sa
dispersion, subissant, par attachement à
ceux qui commandaient, les plus dures pri-
vations.

Après la chute de Robespierre (9 ther-
midor 1794), il vint en Alsace, ne pouvant

plus supporter l'exil, ne pouvant non plus rentrer en Bourbonnais, son pays, tout ce qu'il y possédait ayant été confisqué; enfin son nom se trouvait sur la fatale liste des émigrés.

De la partie de l'Alsace qu'il habitait, il pouvait apercevoir quelques-unes des villes françaises qui lui tenaient tant au cœur. Il faut avoir subi l'exil pour comprendre pleinement ce sentiment.

Il n'eut qu'à se louer des attentions de toutes sortes dont il fut l'objet pendant son séjour dans le petit village qui l'avait accueilli. C'est là qu'il écrivit le récit d'une aventure qui lui fut contée par un vieillard, et qu'il appela « les Enfants des Vosges ».

Mais il avait résolu de rentrer en France coûte que coûte. Nous le retrouvons à Paris, où il est arrêté comme émigré et emprisonné au Temple, qu'avait quitté Madame

Royale. Il resta dans cette prison pendant
de longs mois, et y employa ses heures de
solitude à écrire l'histoire de son pays, le
Bourbonnais. Presque tout cet ouvrage fut
écrit en ce lieu, rempli des souvenirs de
l'agonie de la royauté.

Quant le comte fut rendu à la liberté, il
acheva cette histoire, qui devait être publiée
par souscriptions lorsqu'un ordre du ministre
de l'Intérieur en arrêta l'impression, don-
nant pour raison que le livre était une
histoire des ducs de Bourbon. L'auteur fit
observer qu'il était impossible d'écrire l'histoire du Bourbonnais sans parler de ces
princes. Il en arrêta tout à fait la publi-
cation, et dut attendre des jours meilleurs.
Ce ne fut qu'en 1814 que l'ouvrage put
paraître.

Avant cette époque, le comte s'était
marié; il avait épousé Charlotte-Marie de

Saint-Loup de Sauveterre, appartenant à une très ancienne famille. De ce mariage naquirent deux filles, notre mère Louise-Caroline-Simonne et notre tante Léontine-Catherine qui remplaça notre mère près de nous lorsque Dieu l'eut rappelée à Lui.

Depuis sa rentrée en France, le comte se disposait à racheter une des terres de sa famille, celle dont il portait le nom, le château de Demoret.

Il y avait trois branches dans cette famille : L'aînée, celle de Coëffier d'Effiat, dite de Ruzé, était éteinte. La deuxième s'appelait de Coëffier de Breuil; le dernier avait été député aux États généraux de 1789; il mourut sans postérité. La troisième était représentée par notre grand-père. Ces deux dernières branches portaient pour armes : *d'azur à trois coquilles d'or posées deux en chef et une en pointe.*

Le comte résolut donc de racheter
Demoret, qui avait été vendu comme bien
d'émigré, et qui appartenait alors à d'hon-
nêtes commerçants qui consentirent au
désir du comte. Ce fut une source intaris-
sable de difficultés, car notre grand-père,
ruiné par la Révolution, dut accepter les
plus grands sacrifices que ce rachat lui
imposait.

Néanmoins, il fit partie de la « chambre
introuvable » en 1815, cette chambre plus
royaliste que le roi, disait-on ; il y resta
tout le temps qu'elle siégea, c'est-à-dire un
an ; elle fut dispersée en 1816.

Après cette époque, il fut désigné comme
recteur de l'Université à Amiens ; il s'y
rendit avec sa famille et commença alors
l'éducation de ses filles, qu'il fit en entier
comme principes, éducation et instruction.
Il en fit des femmes distinguées entre

toutes, de sentiments très élevés, fort ins-
truites, écrivant dans ce style charmant
d'autrefois, si rare aujourd'hui.

Mais bientôt sa santé, jusque-là assez
bonne, donna de l'inquiétude aux siens; il
dut quitter Amiens et retourner en Bourbonnais.

Il avait beaucoup souffert pendant les
années d'émigration, supportant les priva-
tions de toutes sortes avec le plus grand
courage. Il mourut à soixante-deux ans, en
1827.

Notre grand-père était un esprit délicat
entre tous, de la plus haute distinction,
très bon; la grande douceur de son carac-
tère se reflétait dans ses manières toujours
si nobles et si calmes. Une miniature que
je possède le montre ainsi; son visage dit
la bonté, en même temps qu'il indique
beaucoup de finesse. Dans ce portrait, il

porte l'uniforme des dragons de Chartres, habit vert à revers roses.

Simon-Philippe de Coëffier fut le dernier de son nom. Les épreuves de sa vie, qui furent nombreuses et très dures, n'altérèrent jamais la sérénité de son âme ni la bonté de son cœur. Il éleva ses filles, notre mère et notre tante, à son image. Rien ne leur fut non plus épargné ; des épreuves de tous genres les atteignirent ; elles furent toujours égales à la hauteur de la peine et, à l'exemple de leur père, ces épreuves « n'altérèrent jamais la sérénité de leur âme, ni la bonté de leur cœur ».

SENLIS

IMPRIMERIE EUGÈNE DUFRESNE

4, RUE DU PUITS-TIPHAINE

———

Achevé d'imprimer le 1ᵉʳ août 1908.

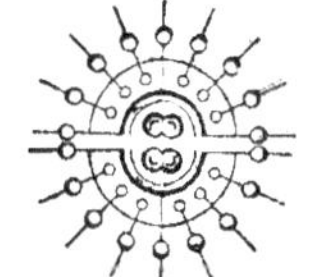